봉도화 鳳桃華

봉도화 鳳桃華

이봉도 제3시집

해암

| 시인의 말 |

『봉도화鳳桃華』를 펴내며

아득한 그곳에서 아름다운 지구별에 오게 해 주심 감사드립니다.
부모님과 형제자매들 그리고 내 가족들 인연으로 살게 되어 감사합니다.

삶의 여정에서 기쁨과 환희. 슬픔과 통곡을 알게 하시고
태풍 해일도 경험하므로 이것이 자양분이 되었으므로 감사드립니다.

제 인생의 늦가을 어떤 인연으로, 시의 길을 가게 되어 늦은 나이에

첫 시집 『바람에 묻어온 세월』을 펴낼 때 특별하신 관심과 배려로
살펴주신 문단 선배 선생님께 감사드립니다.
문우님들과 함께 할 수 있어서 늘 행복했습니다.

이제 제 인생의 종점이 보이는 길에서 좌절과 환희를 온몸으로 그리워하면서
제3시집 『봉도화鳳桃華』를 출간합니다. 부족한 점은 풀치시고, 추임새를 바랍니다.
이 시집과 인연 되시는 모든 선생님에게 자비와 은총이 가득하시기를 기원합니다.

2023년 겨울

鳳桃華 이봉도

| 차례 |

1부_ 봄날

2부_ 오늘은 선물

3부_ 장날

4부_ 철도원

봉도화

이봉도 제3시집

제 1 부

봄날

봄날

온 누리에 빛나는 해
들썩이는 들은
흠뻑 머금은 꽃불을 피우며
대지의 향연에 출렁인다

우아한 꽃들의 자태
창문에 걸린
매화 가지의 운치여
여백에는 달 실리게 하리라

이 봄날
감미로운 암향에 꽃 멀미여
친구야 우리 가슴을 열어
아스라한 하늘에 홍매를 띄우자

청자 찻잔에
구름 그림자도
오락가락하며
매화도 떠 있으리

그 시절 산행

산행에서 내리는 소나기
열대의 스콜 같아
지열을 시켜 주었네

숲속의 비는
그냥 비가 아니라
초록의 록우록수綠雨綠水다

산정에 누워 보던
밤하늘
빠끔이 구멍 난 곳 없었다

하늘 별 밭이
금방 쏟아져 내릴 것 같은
반짝이는 강물이다

은하수가
손에 잡힐 듯했던
아득한 푸르던 날

향기 있는 꽃으로

모든 예술은
자신의 초상화
태양이 꽃을 물들이듯
예술은 인생을 물들이는 것

매 순간
내 열심에 따라
피어나며
열매 맺어주는 꽃

내 소망
중천에 걸어둔 깃발처럼
이상은 높게 감동의 물결
화합의 물결로 함께 어울려

꽃 무리를 이루며
향기 있는 꽃으로
피고 지리라
시간은 흐르고 깃발은 남으리

알바트로스

가장 높이 나는 새 알바트로스
시 낭송가들의 로망인
알바트로스 시 낭송 문학회

나의 첫 시집 바람에 묻어온 세월(2011)
펴낼 때 김옥균 회장님께서
오월 셋째 토요일 영광도서 문화홀
알바트로스 시 낭송회에 초청하시다

고령이며 무명시인을
품격 높은 시 낭송회에 불러주시다니
무한한 영광으로 여기며
설레는 마음으로 한 껏 부풀었다

축제일이다 변주곡의 귀재이시며
낭만파 시인 김옥균 회장님의
명 기타 반주에 장내가 들썩이고
품위 있는 드레스의 미녀 낭송가들
우아하고 아름다운 자태 눈부시다

알바트로스 시 낭송 문학회는
흥과 시와 음악이 흐르는 예술이다
규모가 크며 역동성이 있어 비약발전 하리라
사회자의 진행이 고품격 화려하고 멋지다

초대시인은 부산시인회 이원도 전 회장님
이봉도 시인 육은실 시인
분야별 교수님이 네 명이나 초청되었다

마음을 가다듬어 나의 시 '어머니' 를 낭송하니
눈시울 적시는 관중들 박수를 받으며
주최 측에 감사드린다

부족한 저를 귀한 축제에 세워 주신
김옥균 회장님께 깊은 감사 드리며
알바트로스 시 낭송 문학회가
더 높이 눈부시게 비상하시길 기원합니다

모란

짓푸른 잎 속에
수줍게 핀 모란이 붉어
주위가 환하다

부귀를 한 아름 안고
진 자주 치마폭 일렁이며
빛을 온몸으로 받네

집안의 중심에 피어
주위를 밝히며
사랑받는 꽃이여

어느 무덥던 날
시름에 겨웁더니
고운 꽃 한 닢 한 닢 내려놓네

모란은 다 지고
마냥 섭섭해
그 환한 봄날을 다시 기다리리

봉도화*

봄날 꽃밭에 피어있는 해맑은 꽃
누군가에게 나누고 싶어 오래전
이른 봄 동인 여러 선생님께
서너 포기 내 마음 전했네

다음 해
만나는 사람들 모두 꽃이 되어
내 이름 따라 봉도화라 부르며
핀 꽃 소식에 환한 웃음꽃 피웠네

바람에 향기 실어 춤에 겨운 꽃
내 필명筆名 봉도화 되어
설렘으로
실비단 햇살 눈부시게 쏟아지네

먼 하늘이 다가와
잎새 위에 영롱한 빛이 열리네
올해는 봉도화 더 멀리멀리
사랑의 꽃향기 실어 보내리라

*봉도화 : 잎무늬 둥굴레

예주 백일

온 장내가 빛으로 가득하다
외손자 김정훈과 김동영의 첫 딸
총명한 예주의 백일을 축하하며

신이 보내주신 귀한 선물
하늘이 축복을 내리는 날
모든 하객들 웃음꽃 피운다

아가의 웃는 얼굴 한 아름 꽃이네요
샛별 같은 두 눈은 저하늘 별이네요
옹알이하는 입은 깊은 산 속 옹달샘

단풍잎 같은 예쁜 손으로
엄마의 젖가슴 파고드는 초롱한 눈망울
아 이 향기 이 체온 행복이여 사랑이여

키가 자라듯 지혜도 자라
빛나고 아름답게
이 나라에 꼭 필요한 사람 되거라

생일

롯데호텔 모모야마 桃山에서
나의 생일날 모두 모였다
손자 정훈이가 마련한 자리 고맙구나
할머니 90회 생신 축하 문장이 우리를 반긴다
코스로 나오는 음식
경敬으로 섬기는 일본인들
도우미들이 스튜디어스 같다
손님을 정성으로 모시며
음식 설명이 이쁜데
적은 양에 다음이 기다려진다
보석상자 같은 상차림 그릇들
마음을 다하여
손님을 최상이 되게 한다
마지막 코스를 들고나니
속이 편안한
몸도 마음도 가쁜하다
버릴 것 하나 없는 점심식사
많은 것을 생각하게 한다
오늘 함께한 모두의 건강을 빈다

증손녀 채안이

증손녀 채안이
집에 오는 날이면
온 가족이 함께하는
집안 잔칫날이다

이제 네 살
팔랑대며 넓은 집을
뛰어다니니
온 가족 눈은 아기 따라간다

손부의 노랫소리에
채안이 춤이 넘실거리고
어린 세윤이도 좋아라
우쭐우쭐 대니

보는 이 모두 둥실둥실
할아버지 할머니도
함께 춤추는
아 이 행복이여 사랑이여

뮤지컬 '영웅' 안중근

겨울 방학 때 손자 근형이 가족들이
뮤지컬 영웅 안중근을 보고 왔다
여섯 살 난 세윤이 온종일
뮤지컬만 부르고 다닌다

무대 위의 배우를 상상하면서
이토의 죄를 열거하며
뜻은 알지 못하지만
배우들 동작 따라하는 것 같다

어린 가슴에 깊이 각인 된 안의사
증손자 세윤이 정의롭게 자라
이 나라의 큰 인재 되거라

안중근 의사 그의 당당함 담대함이여
오늘 이 나라가 있는 것도 님의 덕분입니다
님의 뜻 우리의 가슴에 새겨
천 년 만 년 이어가겠습니다

윤수야 축하한다

윤수를 안고 다니시던 아빠를 보내고
할 말을 잃어버린 어린 너를 본다
험한 풍랑 속에서도 살아야 했기에
너희 다섯 자매 하나로 뭉치고
여고 교사인 엄마는 기수 함께 앞으로…

아빠는 대검찰청 이사관
막내 윤수를 많이 사랑하던 이
그리 급히 보내고 힘든 긴 시간이었다

그 후 40여 년
엄마는 여고교장 퇴임 20여 년
사위들은 이 나라 튼실한 기둥 되고
딸들은 교수와 교사로 멋지게 성장

윤수 배필 오00 변리사
그는 대검찰청 참사관이 되어
하는 일마다 보람을 느낀다니
이리 고마울 수가 있으랴

아빠 다니시던 직장의 명패를 달고
첫 출근 하는 날 가슴 뿌듯한 기쁨
하늘의 도우심에 감사드린다

윤수 아들 총명한 세준 세호 쌍둥이 형제
어린 가슴에 새겨진 외할머니의
헌신이 고마워 結草報恩 하겠다며
문자를 보내오는 자랑스러운 어린 손자들
올곧게 잘 자라 이 나라 큰 기둥 되거라

꿈나무들

경이로운 생명의학의 신비여
불가능을 가능케 하였으니
여고교장 퇴임한 여동생네

다섯 딸 중 만혼으로 불임이던
넷째 윤경은 쌍둥이 딸 신서영 신서정
다섯째 윤수는 쌍둥이 아들 오세준 오세호

하늘이 축복을 내려 온 집안이 경사로다
마른 땅에 단비를 데려와 준
쌍둥이 형제자매여

산 넘고 물 건너 흰 구름 손잡고
아장아장 걸어온 그대들은 누구인가
아릿하게 예쁜 웃음 웃으면서

하늘이 보내준 보배들
한 집에 모이면
온 집안이 축제일이다

머리에는 초롱초롱 샛별이고

가슴에는 한가득 지혜를 담고
엄마 아빠 품에서

하늘 보고 생각하며
별을 보고 꿈을 꾸거라
무한대인 저 하늘에는

꿈꾸어야 할 것과
이루어야 할 것들이
많고 많단다

큰 꿈을 이루어
이 나라의 미래에
세계 속 빛나는 인재들 되거라

두 쌍둥이
네 명의 꿈나무들이여
그 꿈을 꼭 이루거라 멋진 꿈나무들

구름산 카페

겹겹이 푸른 산 안개띠 둘러
이어져 있는 장엄한 풍경들
보슬비 내리는 여름날
여동생네 딸들과 나의 딸들
이종사촌 모이니 밤 깊은 줄 모른다
켄싱턴 호텔에서 일박 조식 후
산 굽이굽이 돌아 정상아래 있는
카페를 감싼 구름 신비로움이여
구름 속에 있는 우리는 속세를 떠나
신의 경지에 있는 듯했다
구름이 우리를 감싸고 흐르는지
내가 구름을 타고 흘러가는지
분간하기 어려운 광경이 눈 앞에
파노라마처럼 전개된다
일 순간 무아지경
신선의 경지에 빠지는 것 같다
시간이 지나 시야가 열리니
세상 모두가 내 발 아래에 있다
천상천하 유아독존

야호 환호성을 지르고 싶다
구름 속에 쌓인 구름산 카페
차 한잔하면서 신선이 된 것 같다

밤비

깊은 밤
하염없이 내리는 봄비
집을 둘러싸인 저 꽃들

이 비가 그치면
얼마나
떨어질 것인가

밤비의 발자국 소리
마음에 젖어
젖어서 흩날리는 꽃이여

빗소리 들으며
나의 유년과
나의 청춘과
나의 노년이 걸어간다

떨어진 꽃잎

사월 초파일
마당 넓은 사찰
주렁주렁
빛나는 소원들 눈부시다

망자를 위해 향 사르는 흰 등
산자를 위한 꽃 피는 붉은 등
나 이미 오래전에
떨어진 꽃잎인지 모른다

내 것이 아니 삶을
움켜쥐고 있는 부끄러움
애써 행복한 척
살아가는 어리석음

그래도 삶에서
도망치고 싶지 않다
언제나
향기 품고 갓 피어난
꽃잎처럼 다시 살고 싶다

연꽃

번뇌의 늪에서 솟아오른
붉은 꽃송이
모든 꽃들 빛을 잃는다

청엽에 옥구슬 비워내며
물 위에 가부좌跏趺坐로
참선하는 꽃이여

신묘한 왕관 위에
떨잠 되어 있는
잠자리 한 마리

노을 진 연꽃 속으로
노 저어가는
달빛 속 여름밤 신비여

숨 멎을 것 같은 황홀함
아, 연꽃인가 연등 연등인가
내세來世에 들어간 것인가

선물

해외여행에서 돌아와
선물 화장품과 상비약 들고
찾아주는 손자 재훈이 내외

곁에 두고 자주 먹는 약을
많이도 사 왔다
고마운 마음 하늘 같다

언제 어디서나
세심하게 살피며
배려하는 마음 아름답다

여행 중 조모를 위해
약을 사는 손자 몇이나 될까
나는 빛나는 보석을 가진 것 같다

사회생활 하면서
주위를 잘 살피며
함께 가는 멋진 사람 되거라
보름이와 함께 예쁘게 살거라

딸과 함께 마로니에

언제나 잘 웃는 바쁜 내 딸
매사에 세심한 나의 건강 지킴이
늦은 나이에 서울에 온 엄마를 위해
바쁜 틈을 내어 명소를 찾아가는
딸들에게 고마움을 전한다
오늘은 젊음의 거리 문화의 거리
대학로 마로니에로 갔다
나뭇잎 저 버린 겨울이지만
사람들이 한가하게 거닐고 있다
뭔가 할 이야기가 많을 것 같은
고색창연한 저 높은 건물은
일제 때 경성제국 대학 본관이었으며
지금은 예술가의 집으로 사용 중
많은 예술 지망생들이
청운의 꿈으로 별을 찾는 곳이리라
오랜 세월 사랑과 낭만을 위하여 거닐며
추억들이 쌓여있는 곳이다

젊은이들이 손잡고 거니는 모습 정답다
저 의자에 앉은 노인은 지나온 날
회상에 잠긴 것인가
이 겨울 소중한 시간을
나도 딸들과 셋이 하나의 풍경으로 흐른다

제주도 유채꽃 축제

봄이면 제주에는 특용작물인
노오란 물결이 끝없이 펼쳐져
어딜가나 유채꽃 지천인 길 위에서
꽃보다 환한 미소를 저장하는
순간의 감동 행복한 모습들

세계적 육종학자 우장춘 박사 1936년
東京大 農學博士 學位 取得 論文에
배추와 양배추를 교잡交雜하여
인공으로 전혀 다른 품종
유채油菜를 세상에 내어놓았으니
온 세계가 우 박사를 칭송했네

한국에 기름작물로 유채 씨를 가져와
제주에 심게 했으니 봄이면
제주 전역에 펼쳐진 평화의 파도가
봄의 왈츠로 환상적 물결이여
노오란 나비 떼 속 우리 꽃이 되어보자

꽃 진자리 기름을 채워가는
저 초록의 눈부심
자연의 오묘한 신비여
씨앗 속 카놀라 식용유로
어렵던 시절
이 나라를 풍요롭고 기름지게 했다네

끝없이 이어진 꽃길 위에서
아름다운 사람들 속에서
오늘이 있게 한 그분을 마주한다

섬진강에서

섬진강 따라가면
금빛 모래밭과
어우러진
목가적 풍경이여

가슴까지
물을 채워
재첩을 거두는
여인네들

커다란 고무통
배처럼 띄워놓고
섬진강 바닥을
훑트며 가는

하동 아낙들의
아름다운 풍경이다

제 2 부

오늘은 선물

오늘은 선물

내면의 아름다움은
사람의 영혼까지 사로잡네
기꺼이 변하고 성장하면
새로운 역사가 시작되리라

열망이 있는 한
인생은 날마다 새롭다
숱한 경험과 지혜가
삶의 원천이 될 수 있으니

성공하는 자는 언제나
명랑에 가득 차 있다
당신은 특별한 사람
어제는 역사이며
신비의 샘인 오늘은 선물

시인

시간의 무늬처럼
아른데는 유리 저편 풍경들
그리움의 물살은 퍼지고 있다

슬픔과 눈물은
초록색 언어로 설득되어
심장에 푸른 수액이 돈다

전깃줄에 음계로 앉은 새들
푸른 하늘에 연주하는
오렌지 빛 선율인가

시간의 줄 위에 글을 쓰면
그리움의 전조등 불빛이
폭포처럼 쏟아진다

달빛은 내려 밤이 깊도록
못 견디게 푸른 달빛은 쏟아져
나뭇잎에 궁그는 이슬

이 밤 환희로움에
올려다보니
아– 하늘에 청과일 하나

내 동생 규홍이

집안 사랑을 독차지했던
잘 난 내 동생
해양대를 나와 세계를 누비던

그 멋진 신사는 어디 가고
팔십 후반의 상노인이 되어
목소리도 아득하다

그리워 보낸 문자
동생하고 부르면
보고픈 얼굴이
이리 환하게 다가오는데

많이 힘들지
그래도 식사는
조금씩이라도 들어야 해요

밖에 못 나가면 집안에
잘 가꾼 화단에 나가
핀 꽃을 보며 숨 고르기하고

세계로 나가 있는
손주들 생각하며
힘내어야 해요

큰 올케 배귀연님
수고 많아요
그 정성 진심으로 고마워요

동생이 내 동생이어서 정말 좋았었네
때로는 큰 날개로 품어주어
그 속에 평안과 위로가 있었다네

동생 나도 힘들지만
잘 지내니
우리 서로 위로하며 견뎌봅시다

'누나' 하고 부르던 환한 웃음
지금 내 앞에 있네요
동생 부디 건강과 행운을 빌며

사랑의 택배 상자

어려서 인사 잘하고 말 잘하던
똑똑한 내 동생 규방이
다들 변호사가 될 거라 했었는데

정부 요직 고위직에서 정년 하여
자녀 삼 남매 잘 길러놓고
그의 아내 수필가 류정숙(후정)과 함께
가평 운악산 아래 별장 지어 산다

집안에 하늘을 마음 끝 드려놓고
사계의 아름다움에 젖어
자연의 소리에 귀 기울이며
살아가는 정다운 부부다

건강을 위해 텃밭을 가꾸니
행복도 건강도 자연이 주는 선물
갓 뽑은 싱싱한 채소들 나누고 싶은
마음이 담긴 택배 상자
정성으로 포장해 보낸 채소들
하나씩 풀면서 고마움에 젖는다

수확의 기쁨을 나누는 덕분에
형제들 찾아가는 택배 상자
택배로 인해 소원했던 안부
서로 소통하며 함께 웃는 우리

귀한 것은 현지인에게서
구해서 보내주는 고마운 마음
보내는 기쁨 받는 즐거움 행복한 우리들
택배는 사랑의 전령이다
나누는 손길 위에 축복을 내리소서

들깨 한 말

신성한 산 까치
소리 실어
택배로 보내온 들깨 한 말

진회색
동골동골
기쁨 채운 저 미소들

하도 좋아
사랑스러워
며칠을 그대로 두고 본다

노오란 오메가3와
바꾸어 오던 날
온몸에 힘이 솟는다

사랑 가득한 마음으로
베푸는 손길 위에
축복이 넘쳐 나소서

달팽이

가평에서 가져온 상추 속에
달팽이 한 마리
어리둥절 하다

어쩌다
가슴 조이며
이 먼 길을 온 것인가

생명이 안쓰러워
아파트 꽃밭에
조심스레 놓아 주었다

살아온 환경이
다르니
어떻게 적응 할까

날며 들며 살펴보지만
달팽이는 보이지 않고
마음만 늘 그 자리에 머문다

젊음을 불사르며

어릴 때부터 머리가 좋던 동생 규천이
어디서든지 두각을 나타내던
많은 사연들이 있다
청운의 꿈으로 부산기계공고의
기계공학 교사직을 담당하면서
후학들 지도에 혼불을 태웠다

기계를 알지 못하는 학생들에게
적은 오차도 없는 숙련공이 되기까지
수 없는 담금질을 해야 했으니
학생들 사회에 안착할 때까지
선생의 열정은 이어져야 했다
힘들지만 보람과 기쁨도 있으리

사회에 보낸 학생들 상사로부터
칭찬받는 교사의 기쁨이여
정년하면서 사회인이 된 제자들과의
만남은 진정한 사람의 향기 아닐까
열정 보람 기쁨을 함께하며
꽃답던 청춘을 불사랐으니

수고 많았다 동생은 성공한 교사다
학교에서도 인정받는 최고의 교사
그 열정 이나라 발전에 큰 기여 했으리
슬하에 남매 잘 길러놓고
상냥하고 멋진 올케 김실란님
언제나 마음 써 주어 고마워요

자주 우리 형제자매를 횟집으로 불러
만찬을 베풀며 명소 찾아 함께하던
그 시간 들 잊을 수 없구나
내가 부산 떠나오던 날
부산역까지 배웅나온 동생을 보며
이것이 영원한 이별일 수도 있다는
생각에 마음이 젖어 들었다
고마운 동생 가족들 건강과 행운을 빌며

딸과 함께 서울역사 문학기행

몇 년 전 어느 주말 딸과 함께
1박 2일 서울역사 문학기행 하다
초등에서 대학까지 자녀를
동행하신 부모님 깊은 뜻은…
부산 서울 간 긴 여행은 휴면시간
커튼을 내리고 편안히 수면에 드네
졸음 속에 들리는 맑은 음성
시 낭송 문학작품 낭독
조용히 들려오는 잔잔한 여운이여
깊은 동굴에서 떨어지는 물방울 소리
풍경은 아버님 무거운 사진기에 담고
학생들은 휴대폰에서 벗어나
해설사 설명 보고 듣고 메모하네
빛나는 호기심 질문이 이어지고
부모님과 도란도란 얘기하니
이보다 더한 교육이 있을까
과외를 하지 않는 학생들
남다른 교육방법 큰 뜻에 박수를 보내며

나를 돌아보게 하는 시간
아 무한 청정함이여
문명에 오염된 삶 속에서 맑은 샘물 같아라
새로운 경험에 감사하며

딸아 꿈을 꾸거라

옆자리 수면에 든 큰딸을 지켜보며
그 밝고 빛나든 푸르름이
가을이 물들고 있네
손주들이 자라고 있으니
가을이 익어가는 거지
인생은 늘 변하는 것

어려서부터 피아노와 함께하여
최고학부와 석사과정을 거쳐
제자를 가르치던 많은 시간 들

그 시절 꿈결같이 지나고
이제는 미래 향한 꿈으로
삶을 가꾸는 것을 보며

사랑하는 딸아 늘 꿈을 꾸며
영원히 살 것처럼 배워야 한다
그 길을 주위를 아우르며 손잡고 가거라

외딴집 불빛

지치며 밤 길가는
외로운
나그네에게

저 멀리 외딴집
작은 불빛은
험한 길 위의 한 줄기 빛

그 집 넓은 품
따스한 온기로
밤새 품어주는 곳

어두운 밤길을
밝혀주는
외딴집 불빛

갈대밭에는

갈대밭에는
새들의 사랑 노래
연인들의 속삭임이 있다

갈대밭에는
바람결에 한 곳으로 뉘이는
은빛 물결이 있다

갈대밭에는
새록새록 솟아나는 샘물 같은
갈꽃에 매달리는 추억이 있다

갈대밭에는
순례자의 옷깃을 흔들어대는
스산한 바람이 있다

갈대밭에는
털어 보내는 씨앗 속에
사랑이 있고 우주가 있다

임시정부 청사에서

임시정부 청사 앞이다
우리 의식 속에
정박해 있는 도시 상해

피 끓는 젊음
용솟음치는 분노
활화산 같은 가슴으로
한목숨 기꺼이 조국에

어둔 밤 중절모 쓰고
황급히 쫓기는 검은 그림자
호각소리 군화 소리
이리떼들 광풍이 지나간다

일제 강점기 임정산하臨政傘下
조국광복 위한 열사들 자화상
고개 숙여 명복을 빈다

횟집에서

푸른 바다가 그립다
물결 없이 뛸 수도 도망칠 수도 없다
입을 크게 벌려도 숨은 목에 걸리고

핏빛으로 일어나는 해일
가슴속 서릿 비수匕首가 튄다
공포의 시간
여기는 형 집행장

떨리는 은빛 빛 무늬 굴절하는데
거부하는 몸짓 처절한 절규여
파닥이며 노櫓를 후려친다

허공으로 날 썬 칼날에
낭자한 피 내음
성난 파도 소리 소리들…

누대 위에 거역 못 한 운명 그 숨결
쓰레기통엔 눈 뜬 고기 대가리들
방사放射하는 인광燐光인광들

대숲에서

상청常靑을
노래하는
맑은 정신세계여

봄이 와도
제비조차 오지 않는
그늘 깊은 대숲에서

하늘을 찌르듯
드높이 오르면
여기서는 계절도 여유롭다

칸 칸마다
푸른 기차를 타고
대꽃이 피는 마을까지
백 년이 걸린다

소록도 小鹿島

천형天刑의 유배지 소록도
법문조항法文條項에 없는 죄명 문둥이
변론할 길 없는 형벌이다
하늘이여 이것이 우리 죄 입니까

파랑새 자유가 그리운
상처 난 영혼 일그러진 육신들
닻을 내린 나룻배...
하늘이여 여기 우리가 살 땅입니까

인간폐업人間廢業 원한에 울고
아득한 그곳 내 부모 형제들
물기 어린 눈에 아롱아롱 거려
하늘이여 이제 그리움도 지워야 합니까

수없이 떠내려온 운명의 하류에서
격리된 요양소에 차이코프스키의 비창悲愴이
폐부를 찌르는 아름답고 서러운 멜로디가
차별 없는 전파에 흐느낀다
하늘이여 여기 우리의 한을 묻어야 합니까

나룻배 닻을 올려라 천형의 옷 벗어라
저 피안의 언덕으로 올라
푸른 하늘 훨훨 날아다니자
하늘이여 이제 우리에게도 자유를 주시나이까?

철새

떠남
그것은 핏빛 낭자한 생존이다

하늘을 뒤덮은 철새들 군무여
깊은 심연을 날아가는
긴 여정 경의와 충격이다

광활한 밤하늘 아래로
별자리 보고 하늘길 열어감은
그들의 역동력이다

새들의 날개 아래 펼쳐진
수많은 공간의 여행도
계절을 가로지르는 시간의 서사시

폭풍이 휘몰아치는 바다 위
눈보라 치는 겨울 산맥을 지나
멈출 수 없는 처절한 생존의 항로다

왜 그토록 먼 길을 떠날까
그들은 지구를
하나로 엮어주는 생명의 그물망

귀소본능歸巢本能의 운명이기에
떠남은
다시 돌아옴의 약속이다

지금도 푸른 하늘 어딘가에
쉼 없이 날고 있는 철새들

작은 연못

구름이 흐르네
석간수石間水 실어
고요한 읍 조림
물의 음악과
수련의 향기여

시간의 흐름이
옛 자취 간직해
풍류를 펼치네
주변의 나무들
물을 향해 경배하네

적절히 업드린 바위
연못 속에 들어온
하얀 낮달
잉어는 구름 속에 놀고

달구지 바퀴 한 짝

전통찻집 아늑한 다실
벽에 기대어 있는
저 원형의 추억 그림자
정답고 고풍스러운 멋

미루나무 늘어선 신작로 길
주어진 일에 순종하며
버거운 시간을 돌리던
저 황소의 원앙 소리

농가의 운송수단이던
향수에 젖은 소달구지
아이들 노랫소리 싣고가네
흰 구름도 좋아라 손짓하네

순박하고 아름다운 풍경이여
이제는 다 벗어놓고
다향과 함께 영광 누리는
정지된 시간 속 박제
달구지 바퀴 한 짝

나목裸木

삶이 얼마나 외로운 것인지
나는 수인囚人처럼 갇혀
겨울을 에는 바람 앞에
나목 되어 빈 가지로 울었다

골육骨肉을 이완한 통증의 옹이여
흐느끼며 터진 살갗이며
무거운 짐에 휘어진 허리로
북풍한설 맞아 가며
온몸으로 떨며 견딘다

새봄 화려한 귀소歸巢를 위하여
미련 없이 질 줄 알았던 낙엽들
죽어야 다시 산다는 섭리를 알았으랴
시리고 차가운 긴 밤 지나
여명은 록의綠衣의 천사와 더불어 오리니

그 따사롭고 눈부신 날
연둣빛 손님을 맨발로 맞으며
향상向上하는 나무 되리라

바람 바람끼

창 열고 푸른 산 마주하니
왜 이리 바람은 불어오는가
바람 속 자연의 신비여
그가 없으면
벌 나비 들지 않는 꽃 같은 세상

나비의 날개바람 사랑의 유희
꽃송이에 다가가
정중히 나래 접고
인사하는 멋쟁이 바람끼

봄꽃 지천인 꽃밭에서
숨 막히게 마시는 꽃바람
결실로 이어지는 황홀한 몸짓

예인藝人의 가슴 속
불꽃 같은 바람은 명작을 낳고
보이지도 잡을 수도 없는 바람
끼가 있어 멋있는 바람 바람끼

봉도화

이봉도 제3시집

제3부

장날

장날

모여드는 사람들 속
가물치 잉어도 함께 뛴다
트럭의 생선 장수
바퀴벌레약 파는 아저씨
흥정과 웃음이 섞여
질퍽한 삶의 모습들

뻥 이요 소리와 함께
하얀 연기 속에 묻혀
전해지는 구수한 튀밥 냄새
야성野性을 잃어버린 견공犬公들
좌판坐板 위에 가부좌跏趺坐로
태평한 닭의 흰 종아리

집시의 낭만 각설이 타령이
절정에 이르면
가위 소리 신명 나는 울릉도 호박엿
시끌벅적 한 장날은
기다리는 사람이 있기에
세월이 흘러도 정겹기만하다

흘러가는 붉은 피

흘러가는 붉은 피가
꺼져가던 심장에 박동을 일으키면
온 세상이 환해지는 것 같다

피는 생명인 것을
모두가 소중히 여김을
기꺼이 나누는 당신은 큰 사랑입니다

소중한 것을 주고도 기쁜 것을
사랑이라 한다면
피를 나누는 것보다 큰 사랑 어디 있으랴

당신은 나눔이지만
생명을 기다리는 사람에게는
꿈같은 기적입니다

당신의 피의 빈자리에는
하늘에서
좋은 것으로 채워 주실 것입니다

아 떠오르는 태양처럼
당신의 관심과 생명나눔으로
세상 밝아질 것입니다

적십자 봉사원

인간사랑 봉사원은
적십자를 뛰게 하는
심장입니다

그들을 보면
힘찬 생동감이여
싸한 박하 향내가 납니다

노란 조끼의 봉사원은
남의 기쁨을 위해
꿀을 모으는 일벌들 입니다

가장 어려운 이들의
눈물을 닦아주며
손잡고 함께 가는 천사들 입니다

세계로 열려있고
세계가 공인하는 적십자인의
자부심은 보람과 행복이 되어

오늘도 가슴 뛰는 하루
신바람 나는 순간을
기쁨으로 채웁니다

자전거

오 자연의 빛이여
부드러운 햇살은 퍼지고
들은 웃는날

자전거 살이
눈부시게 달려라
반짝이는 강물따라

하얀 낮달도
방실거리며 따라오네
부는 바람에 머리카락 날리며

싱싱 페달을
힘차게 밟으며
강 언덕길을 신나게 달리자

아 강심에
굴러가는
두 개의 은륜銀輪이여

막내야 사랑한다

언제나 명랑한 막내딸
대학입학 후부터
떨어져 산 오랜 시간

그는 밝고 슬기롭다
날마다 좋은 날
활기찬 모습 대견하다

직장에서도 섬김의 자세로
남에게
봉사하는 마음으로

그 가운데 많은 것을 배우며
매 순간 감사하면서
빛을 향해 걸어가거라

사랑하는 딸아
덕분에 이 엄마는 모든 시름 잊고 산단다
부족함 없이 살뜰히
살펴주는 마음 한없이 고맙구나

염전에서

폭염 속 곤두서는
신열의 불기둥
하얗게 마르는 바다가
떨어내는 눈물 빛 사리들
소금 꽃 만발하다

더위에 감사하는
염부의 마음이 전해진다
웃옷을 벗어버린 채
외 발 손수레로
소금을 실어나르는 영상이
이글거리는 염전에 비친다

우리의 삶도
부패를 저리고
맛을 내는 소금처럼
살 수 있으면 좋으리

도전하는 기쁨

사람마다
무엇이 되려고 한다
조금씩 놓아야 할 시기에

그 욕망 버리지 못해
젊은이들과 함께
계단 앞에 서 있다

문제지가 나오고
설명을 듣고 나서
부지런히 읽고 풀어본다

도전하는 기쁨은
또 다른
나를 만들어갈 것이다

준비된 자에게 기회는 오리니
하늘은
스스로 돕는 자를 도우신다

부산사회체육센터 한 중 문화교류

2000년 부산사회체육센터 부설
늘솔교육원 진반 선반 학생 80명이
5박 6일 일정으로 중국 여행길에 올랐다
여행 중 자매학교와
한 중 문화교류가 포함되어 있었다
김해공항 출발 두 시간 만에
북경공항에 도착 신공항 대형화에 놀랐다
노망구 문화회관이다
우리를 인솔해간 이현숙 부장님
중국의 무대에서도 빛나고 아름답다
쌍방 인사와 선물교환에 이어
중국 측 기공회 회장의 화관 쌍검무
고령인데도 화려한 의상 표정 동작도 멋지다
우리는 부산 노인을 대표한다는 자부심으로
한국무용 스포츠댄스 민요 아리랑을
부를 때는 온 장내가 하나되다
중국 측에서는 고전무를 선보인 후
노망구 실버 합창단이
펼치는 악극은 수준급이다

자녀를 다 길러놓고 어머니가
대학을 졸업하는 장면
사각모에 검은 가운을 입고
졸업장을 돌돌 말아서 쥐고
노래하며 춤추는 표정과 춤사위
환희에 찬 모습을 보노라니
한 편의 대작 뮤지컬을 보는 것 같다
멋진 발상으로 길게 여운이 남는다
좌석으로 돌아올 때는 엄지를 들어
최고라고 웃으며 칭찬했다
우리는 손에 손 흔들며 다른 코스로 이동
가정에 있으면 평범한 노인일 것인데
우리는 사회체육센터에서
놀라운 변신을 하고 있어 감사드린다

우리들

우리들 가슴속에 꽃씨가 있습니다
눈길만 마주쳐도 피울 수 있는
아름다운 꽃들이 가득 합니다

우리들 눈 속에 사랑이 있습니다
손바닥 부딪치며 마주친 눈빛
세월의 주름 속에 행복을 채웁니다

우리는 늘 솔 교육원 꽃이랍니다
칭찬과 격려로 화합의 꽃을
함께 춤추며 피운답니다

우리들 가슴에 꽃을 피우고
눈 속에 사랑을 심어
만나면 행복한 꽃 무리를 만듭니다

우리는 사회체육센터 부설
늘 솔 교육원 선반의 꽃들입니다
집단의 힘으로 주위를 밝힙니다

그 날 그 간이역

지금도 기차를 보면
문득 떠나고 싶어지는 것을
그 날 낯선 간이역에서
외로움은 견디기 힘들었다

몽상의 시간에 지쳐갈 무렵
새벽 멀리서 열차의 기적 소리에
밤새 외로움은 사라지고
또 다른 시작이다

세월 지나 추억하는 것은
열차의 기적 소리뿐
나는 길 위에 있었고
그 시간은 행복 했었다

사람은 자신이 머물고 있는곳의
소중함을 알지 못한다
그 날 그 간이역은
지금 이 자리일지도 모른다

구급차

한밤중에
구급차 소리
가슴 예이고

하늘에
별들이
빗금을 긋는다

이 밤
어느 나무에서
꽃은 지는가

하늘이여 땅이여

투병 중 그가 쓰러졌다
합병증으로 여러 번째
안 돼 더는 안 돼 부르짖으며
구급차에 실려
명줄을 당기며 달린다

ㅇㅇㅇ대 병원
온몸에 숨줄을 달고
어름에 채워진 채
사선을 넘나든다

아니야 이건 아니야
오 하늘이여 땅이여
몸부림 속 울음으로
두 손 맞잡고
오가며 서성인다

그대 아파트

그리 급히 떠나드니
그대 아파트 정관 추모공원
누굴 향해 그리 웃고 있는가
잊은 줄 알았던 슬픔이
파도처럼 밀려온다

함께 한 순간들
되살아 나는 가지가지 일 들
수풀 속 소소로이
흔들리는 들국화 들국화여

살아온 지고한 품성
며느리 손주를 많이 사랑하던 이
어이 함께하지 못하고
여기 홀로 있는가

세상은 찬 바람만 이리 부는데
나날이 영상은 피어나는데
하늘만 우러르며 어이 하리오
하늘만 우러르며 어이 하리오

아카시아

봄날 밀려드는 향수에 젖어
아카시아 꽃 청초로
사랑을 아끼는 마음
곱게 접어 물 위에 띄운다

그대 그리움에
덧없는 노래를 엮으며
꽃향기 짙은 그늘에서
그 모습 그 음성 그리며
이슬비에 젖는다

꽃들은 해적해적
옥빛 물속에 꽃 비늘로 떠가고
그대 환한 웃음이
향기 속에 피어나네
녹음은 나날이 짙어가는데
그대 없는 봄날은 가고 있네

내소사에서

낙엽 소리 들으며 찾아간
정갈한 내소사
단청하지 않아도
초라하지 않네

단아한 멋을 지닌 추녀
사람을 압도하지 않는
법당의 불상들
목공이 수양하듯
깍은 문살이 어우러져
은은함에 매료된다

복잡한 세상사 근심있어
탈속의 세월 보내고 싶어진다
풍경 소리 들으며
흔들리는 것은
바람도 깃발도 아닌
바로 내 마음

산

높은 산봉우리
구름은 허리를 둘러
태양을 거울삼는다

신의 걸작품 산에는
종교가 있고
시詩와 음악이 있다

침묵으로
생명을 품고 있기에
아름다운 산

산은 멀리 있어도
무언의 손짓으로
우리를 부른다

날마다 새롭게

아직도
할 일이 있다는 것은
무한히 기쁘게 한다

피카소는 팔순의 나이에
새로운 형식 추구하기 위하여
몸부림을 쳤으니

자신의
그늘을 잘 파악해서
새로운 청년 정신으로
젊은이같이 공부하리라

아–끝없이
새롭게
해나가는 즐거움

달무리

은하의 물빛 빛나던 밤
지붕 위 박꽃 눈부셨다

별을 소복이 머리에 이고
클레멘타인 노래 불러주시던
어머니

단아하고 기품 있었는데
유한한 생의 끝자락에서
무상을 노래하며

아흔다섯 개 세월의 별을 달고
지는 해 붙잡는
힘겨운 모습 애달파라

오늘 저리 곱게 달무리 지는데
굽이굽이 은하 물에 젖어서
둘로 셋으로 보이는 달무리

가볍게 떠나기

누구나 그러하듯
삶은
떠남의 연속이다

먼 여행을 준비하는
기러기 곁에서
스스로에게 묻는다

나는 떠날 준비가 되어 있는지
가야 할 때
떠나는 모습이 아름답다

때가 되면 제 놀던 자리 내어주고
떼지어 날아가는
기러기들의 행렬이 눈 부시다

나의 그 날은
아름다운 모습이기를
지금부터 정성을 다하리라

제 4 부

철도원

철도원

목가적 풍경이다
하염없이 눈이 내리는데
선명한 날을 세운 철길

산골 작은 역 역장은
어떤 어려움도 견디며
자리를 지켜야 하는 신념

산에 들에
눈은 내리는데
세월을 질주하는 열차와

세찬 눈발 속에서
기차가 떠남을 보며 서 있는
역장의 모습은 쓸쓸하다

백설의 세계 속
까만점으로
빈 선로와 함께 있는 철도원

강가에서

하늘 담은 짓푸른 저 강물
금 파 은 파를 이루어 흘러간다
강은 천혜의 자연 유산이다
낙동강 천 삼백 리 긴 여정
물과 바람이 만들어 낸 강이여
유구한 역사를 이어오며 문화를 일구어
영원으로 흐르는 생명의 젖 줄
강변은 아름다운 비경을 이루어
고을마다 이야기가 있으며
더러는 물길이 휘돌아 옥토가 되어
사람을 모여 살게 하는 강
강은 순하게 생명수로 흐르지만
때로는 도도한 폭군처럼
우리를 경책 할 때도 있으니
대자연 앞에 겸허해야 하리라

천 개의 강 만개의 하천
온갖 오 폐수 다 받아들이어
목이 아려도 스스로 자정하며
아무 일 없는 듯 유유히 흘러간다
거울 같은 강물이여
자연의 사계를 담고 흐르며
세월이 흐르듯 나도 흘러간다

등대지기

드넓은 바다
하늘빛이 붉게 물들면
밀물보다 먼저 오는 어두움

밤바다 작은 배들
하나둘 불빛에
먼바다 지키는 희망의 등불

등탑 회전식 등명기가
쉼 없이 돌아가고
깜박이며 지새는 밤하늘

바람 소리 울부짖는
어두운 밤바다
숨소리조차 멎어버린 정적

칠흑 같은 바다만 바라보며
밤을 새우는
등대지기의 큰 사랑이여

원동역

산간 오 지역과 다름없이
큰 산과 강을 아우르며
빼어난 풍광의 중심에 있는
작지만 당당하여 기품있는 역이다

강을 지키듯 우람히 버텨선 산봉들
탁월한 산수 진경 뽐내며
진달래 개나리 벚꽃 만개한 봄날
아우성치듯 수면에 튕기는 햇살

가라앉은 음색으로 흐르는 강물
유한한 생과
외소한 삶의 일탈이여
우주와의 대면 의식이다

상 하행선 열차가 급히 교차해 가고
세상과 탈속의
세계로 드나드는 통로
지워지지 않는 산행의 출입문 원동역

바다

달의 인력으로
풀었다 당겼다 하는 바다는
푸른 띠 두른 세계주의자
지구를 하나로 안으려 한다

바다가 밀려와
알몸 같은 해일로 덮쳐
모래톱에 거품으로 눕는다

쉼 없는
움직임으로
썩지 않는 생명을 품으며

모든 강이 바다로 흘러도
넘치지 않으며
가뭄에도 부족함 없어라

바다가 들어와 누운 자리
눈을 감고 있어도
철썩이는 파도 소리 들린다

자갈치

새벽을 여는 경매장
굵고 난해한 목소리가 흐르면
불꽃 튀는 눈 눈빛들
암호를 튕기는 손가락들이
자갈치 시장을 열어가는
웅장한 오케스트라
생존을 위한 처절한 현장 소리
부산의 냄새와 정취를 물씬 풍기는
자갈치 아지매의 정겨운 목소리
여기는 비릿한 갯내음 속
번쩍이는 비늘이 있고
펄떡이는 숨결
왁자지껄 삶의 소리가 있다
먼 수평선에서 돌아온
만선의 깃발을 단 배는
검푸른 바다에 출렁이고
자갈치의 아침은 하늘에 바다에
아지매들의 번들거리는
검은 앞치마에 붉은 해가 뜬다

오전약수梧田藥水

심산유곡 계곡 따라 올라가니
봉화군 오전 약수터 앞
보부상 입간판이 이채롭다

그 옛날 보부상들이 발견한
조선 시대 약수 품평회에서
일위를 차지했으니 효험 있으리

약수터 앞 아람드리 나무들
튼실한 옹이는 세월의 흐름에
동그란 입체문양의 비색이 짙다

약수 한 모금 마시니
진한 쇠 냄새 거북하지만
금방 약효를 드러낸다

형님과 함께 서로 권하며
건강을 기원하는 우리는
노을 앞에 손잡고 서 있다
언제 또 이런날이 올런지

눈사람

눈 내린 날
길가의 눈사람
행인이 반긴다

하얀 눈 속에
자신을 감추고
깊이 잠든 눈사람

시간의 물레에
추운 생애가
메아리로 감긴다

사라짐이
예비 된 삶
지상의 온도만큼 산다

물로 왔으니
물로
돌아가는 눈사람

구룡포 밤바다

온통 먹물로 출렁이는
구룡포 밤바다는 꽃밭이다
불야성을 이루는 노동의 등불

갑판 위에서는
신들린 인간의 불꽃놀이
덫을 던진 유혹의 빛 무늬

집어등集魚燈 불빛 속
유백색 오징어들의
류탄流彈류탄들

숨 몰아쉬는 축제여
하늘에 이즈러진 달이
안타까운 속 눈물 뿌린다

그때 그 밤하늘

회색 커튼을 열면
병실의 창에
어둠은 스밀어
막막함이 짙어가네

어쩌다 꿈도 사랑도
모든 것 놓아둔 체
사死의 찬미에 초대되어
혼돈의 불꽃 춤을 추던 그 날

밤은 혓바닥을 날름거리며
격련과 열과
고독의 언어들로

생사의 갈림길에서
헤매였네
목덜미를 잡고 흔들던
그 때 그 밤하늘 폐혈증

폐혈증

그 봄날 폐혈증으로
생사의 고비를 넘나들며
00병원
김민철 박사님 아니었으면
내 이름은 사라졌으리라
고령이라 힘들다면서
그 밤에 찾아 주셨을 때
나는 굴뚝으로 힘겹게
쑤욱 빠져나가니
마음만 먹으면
눈앞에 전개되는 세상
딸네 집이다
반가워 아무리 불러도
내 목소리가 없다
자기 일만 하고있는 아이들
다른 집도 같아서
마치 변사辯士 없는
무성영화無聲映畫를 보는 것 같다
너무 답답해서 그럼 내가 죽었나
소리치다 깨어났다

규슈 여행

패혈증에서 놓여난 그다음 해 여름
온 가족과 함께 규슈 여행을 떠났다
가족들 대 이동하면서
모두 행복해한다
유후인에서 기린코 호수와
민예의 거리를 거닐며
마냥 좋아하는 아이들
하늘을 올려다본다
세상사 흘러만 가는 것을
내 젊은 날 어린 너희들 데리고
대공원에서
목마를 태우던 그 시절은
마냥 행복하기만 했었는데
지금은 아름다운 추억 그림자
갈 길이 보이니
시간을 소중히
주어진 일들에 무한 감사하며
일정을 마치고 공항에 내리니
여기가 내 어머니 품속 같다

작은새

뒤척이는 긴 밤 지나
꽃밭에 앉아 있다
바람이 꽃잎을 흔들어
춤을 추며 반긴다

흙이 좋아 꽃이 좋아
정성 들여 가꾼 꽃밭에서
우리 마주 웃어본다

나뭇가지에서 우는 새 야
내 가까운 가지로 옮겨와
나만 보며 지저귀는 예쁜 새

더 가까운 자리로
옮겨 날면서
자꾸자꾸 울어댄다

지난밤 신열에 힘들었는데
연약한 딸이 안스러워
다녀가신 것일까 어머니

산으로 가자

산은 신이 만든 책 조화의 극치
언어가 있는 산은 몸짓으로 말한다
큰 바위는 억센 형태로써
흰 폭포는 힘찬 율동으로
푸른 초록은 빛깔로서
스쳐가는 바람은 소리로서
아름다운 꽃은 향기로서 말한다
산의 모든 것은 제 자리에 있다
산은 인간의 한계를 넘어서며
자모인 동시에 폭군이다
산의 비정을 알아 산 앞에 겸손 하자
산은 우리를 부른다 한라는 웅자雄姿로서
내장은 단풍으로 가야는 계곡
속리는 숲 설악은 골짜기가
우리에게 반가운 손짓을 한다
일에 지쳤을 때 정신이 피곤할 때
인생이 고독할 때 산을 찾아 가자
산의 빛과 침묵 정기와 음성 산의 향기는
우리의 마음에 새로운 활력을 주며
새 생명과 건강을 주는 산으로 가자

주산지注山池

저 묵시默示의 산 그림자 뉘이고
물속에 참선하는
왕버들의 초상이여

기氣가 만물을 생성하여
이슬로 땅에 스며드는 이치는
자연과 인간이 무엇이 다르랴
심오한 대지의 눈目속에
나를 투영해 본다

애린에 물결지는 마음
무엇을 위해 살고있는가
버거운 짐 부려 놓자
빈자리에 햇살이 들어오리

끊임 없이 생멸이 교차하는 속에
유한한 인간의 삶도
찰나에 지나지 않는 것을
아– 자연으로 돌아갈 길목에서

용경협* 龍慶峽

양쪽 높은 암벽이 죽죽 뻗은 협곡을
가로막아 만든 인공호수에 배를 띄워
유람선에서 아름다운 비경 관람하다
수직의 암벽 중간층마다 우거진 초목에
안개가 지나가니 별천지다
한 폭의 산수화 속에 노닐고 있는건가
옛 선인들이 풍류를 즐기며
달밤에 배를 띄우고 시를 읊으며
술잔 속에 달 띄우고 물속에
님의 눈동자에 달 띄워
한가로이 즐기던 모습이 떠오른다
에메랄드빛 하늘이 물속에 잠겨
물빛은 천년 그대로 쪽빛이다
협곡 사이를 빠져나갈 때마다
탄성을 지른다 암벽 돌 틈 사이로
복사꽃이 가냘픈 가지를 물을 향해
드리운 채 피어있다 자연의 신비여
시간 가는 것이 아까울 정도로
더 머물고 싶은 용경협

*용경협 : 북경 외곽에 있는 인공호수

남양으로 간 그 남자

돌아보면 아슴한 인연이었다. 내가 30세 되던 해 난산 후 대학병원에서 오래 입원했을 때 일이다. 원인 불명의 고열과 두통으로 힘들었던 어느 날 나는 가야 한다며 하얀 한복을 입고 한 손에 멸치 한 포 한 손에 명태 한 쾌를 들고 기차를 타려고 가고 있었다.

해양대 다니는 큰동생은 역장이 되어 플랫폼에 서 있고, '뚜우' 기차가 들어오는 소리에 나는 바삐 가는데 등 뒤에서 어머니 목소리 급하시다. "못 간다 차표가 찢어져서 못 간다" 손에 든 차표를 보니 영어로 남양이라 쓰여진 달러 같은 차표가 반으로 찢어져 있었다. 기차를 못 타서 당황하는데 등 뒤에서 바람같이 달려온 남자가 내 어깨를 툭 치며 가더니 막 떠나고 있는 기차에 올라 왼손으로 손잡이를 잡고 오른손을 흔들며 환히 웃으며 기차와 함께 떠나가 버렸다. 새벽 꿈에서 깬 나는 온몸이 젖어 있었다.

바로 그때 내 병실 문 앞에서 '콰당' 하는 소리와 함께 남자가 넘어졌다. 산소 호흡도 소용없이 그는 바로 숨을 거두고, 옆 병실 맹장염 수술 환자가 오늘 퇴원한다고 옷 갈아입고 화장실 가다가 넘어진 것이다. 꿈에 본 하얀 런닝 까만바지 곱슬머리 그 남자. 그는 남양 가는 열차를 타고 웃으며 손 흔들며 영원히 가 버렸다. 그렇게도 열과 통증과 시름하다가 퇴원하게 되었다. 남양 간 그 남자가 나를 살린 것이리라.

우주 돌아가는 신비로운 인연의 사슬에 놀라며 나는 더 그의 몫까지 보람있게 살아야 한다고 다짐하며 살았다.

산능금 향기

오래전 늦가을 코발트색 하늘이 물감이 묻어날 것 같은 쌀쌀한 날 부전 시장에 들렀다. 큰 시장이라 이것저것 사다 보니 까만 비닐봉지가 몇 개나 된다. 나오는 길에 여러사람들이 모여 있는 곳을 물끄러미 바라보다가 "앗, 이게 뭐야 이 향기는 홍 보석을 풀어놓은 것인가" 나는 그만 사람들 속으로 들어가 앉았다. 장바닥에 자리를 깔고 부어놓은 아주 작고 예쁜 능금들이 소복이 쌓여 있었다. 내어 뿜는 향기는 더 기막힐 지경이다. 구경하는 사람들 무리 속에서 나는 얼른 예쁜 것들만 서른 개를 골라 값을 치르려고 할머니를 바라보니 능금 장수 할머니 볼도 능금을 닮았는지 발그랗게 익어 있었다. 뒷머리에 좀 높게 찌른듯한 푸른 옥비녀가 짙은 향수를 불러일으킨다. 까만 비닐봉지에 담아준 능금을 다른 짐과 함께 들고 버스에 올라 운전석 뒤 세 번째 좌석에 앉았다. 짐들은 의자 앞에 놓아두고 가방을 무릎에 얹은 채 편안히 앉아서 상쾌한 기분으로 창가에 스쳐 가는 풍경 속 먼 옛날 추억하나 살아난다. 단발머리 어린 소녀였던 우리는 친구들과 뛰놀다 누가 사과 한 개 가져오면 의논이라도 한 듯

모여서 해맑은 미소로 한입씩 베어 물면 입안 가득히 고이는 싱그러운 사과즙과 향기, 껍질째로 먹어도 참 맛이 있었다. 우리는 흥이 난 듯이 다시 놀이에 들어가던 천진한 어린 시절 작은 것이라도 나누어 먹던 그때가 좋았었다. 그 이후 아무리 맛있는 사과도 그때의 사과 한 입 같은 맛은 없었다. 아마 푸른 하늘 맑은 공기, 가식 없는 천진한 나눔의 우정 때문이었을 것이다. 나도 모르게 아름다운 추억에 젖어 입가에 미소가 번진다. 난 오늘 능금을 만난 행운에 감사하며 가다 보니 3호선 지하철 공사로 망미동에서 수영으로 가는 도로 위에는 구멍 뚫린 철판이 깔려있었다. 노면이 매끄럽지 못해 내리막길에 버스가 덜커덩 하더니 차는 경사진 곳으로 내려간다. “아, 이를어쩌나” 능금봉지가 넘어지면서 빨간 구슬이 굴러가듯 전부 대굴대굴 굴러 나왔다. 나는 당황해서 아이구 아이구 하는 사이에 깜깜한 봉지속에서 나온 능금들은 도르르 굴러서 버스입구 쪽 계단 밑으로 떨어졌다. 손님이 많지 않은 차 안은 웃음바다가 되었다. “아이구 잘도 굴러간다” “저게 사과야 능금이야” “산능금이네” “참 예쁘다 어디 저런게 있었나" 웃으며 들뜬 목소리들을 귓전으로 들으며 입구를 들여다보니 비닐봉지가 갑갑했던지 버스의 흔들림에 따라 깔깔대며 향기롭게 웃으며 신나게 춤추듯 흔들어대고 있었다. '나는 신비롭고 아름다운 요정들의 춤을 본 것인가' 곧 버스가 정차하면 손님이 탈 것 같아 "잠깐만 참아줘" 하면서 까만 봉지에 주워담아 좌석에 돌아오면서 "아이 죄송합니다. 아주 예뻐서 샀더니" 웃으며 꼬리말을 흐리고 좌석에 앉았다. 등 뒤에서 어디 저런 것이 있었느냐고 능금에 대한 말들을 하며 웃고 있었다. 나는 짐 간수를 잘 못 했고 능금이 너무 잘아서 약간 부끄럽긴 해도 아주 귀한 것이라고 자위하면서 잠깐이라도 차내 손님들에게 밝은 웃음으로 신선한 기쁨을 드린 것 같아 좋았었다. 날마다 그날이 그날 같은 무미건조한 일상 속에서 반박자 쉼표 같은 신선한 충격이다. 집에 돌아온 나는 집 안에 가을을 연출하고 싶어 마음이 부산하다. 거실 옆에 있는 '밀양 반닫이' 위에 테이블보를 사선으로 덮어 멋을 부리고 달 같은 백자에 꽂아둔 꽃도 옮겨다 놓았다. 잘 손질한 능금은 도자기 그릇에

소담스레 담아 얹어놓고 능금 몇 개를 정물화를 그리듯 바닥에 놓아 조화를 이루게 하고는 여러 가지 소품들을 가져와 어울리게 놓아 보았다. 집안에 가을을 마음껏 들여놓은 기쁨이여, 나만의 은밀한 공간을 설정하여 자유로운 창조를 꿈꾸며 한가운데 있는 황초에 불을 붙이고 거실 전등을 소등했다. 심오한 진리에 물들어 우주의 중심점을 발견하면서– 자, 축배를 들자. 이 자리에 초대된 그대들 만남의 기쁨에 귀 기울이며, 나는 따뜻한 차 한잔으로 그들과 함께함이여. 아–산다는 것은 때로는 이리 조용하게, 행복한 순간들이 있음에 감사하며 정인情人을 만난 듯 산 능금 향기에 온 마음 젖어 드는 밤, 고요 속 내 생명의 촛불은 타고 있다.

겨울 산

다 비우고
겨울바람
맞고 있는 나목

갈색 카펫 속을
구르몽의 낙엽 읊으며
온몸으로 듣는 발자국 소리

산은 차가운 강물에
산자락 내려놓고
휘돌아
바다로 이어지는 물길

강줄기처럼 나 있는
길 따라가고 있는
하얀 낮 달

발문

차달숙 (시인 · 수필가)

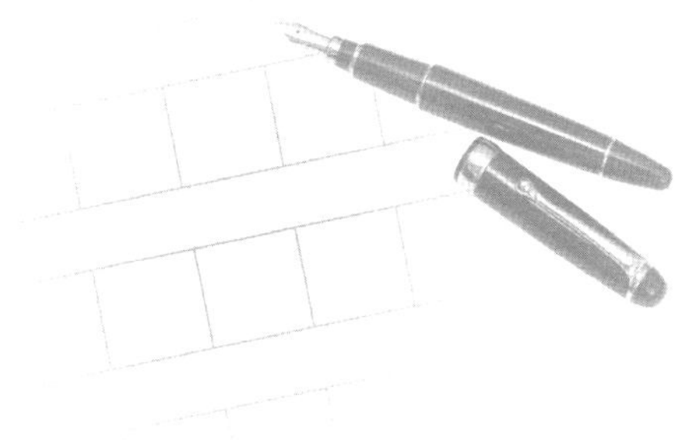

| 발문 |

여성적인 섬세함으로 빚은 해맑은 시의 세계

차달숙 (시인, 수필가)
부산문학인협회 명예회장

이봉도 시인은 울주군 출생으로 2006년《새시대문학》으로 시 등단. 2011년 첫 시집『바람에 묻어온 세월』을 2016년『불꽃』, 7년 만에 제3 시집『봉도화』를 상재한다.

그는 이웃과 남에게 봉사하는 것을 즐기는 삶을 산다. 언제 보아도 친근감이 들고 부드러운 미소로 상대를 편안하게 해준다. 자아 성찰의 자세로 여성적인 섬세함을 지녔다는 평을 받는 91세의 지성적인 여성이시다.

그는 2012년《새시대문학》작품상을, 2022년 수영구문화예술회 문인회에서 발행하는《수영문예》작품상을 받은 바 있는 역량 있는 시인이기도 하다.

시는 인류가 남긴 최고의 정신적 문화 예술이라 할 수 있다. 공자는 오랜 옛날부터 "시 삼백 일언이 폐지왈 사무사" (詩 三百 一言以 蔽之 曰 思無邪)라고 말했다. 우리가 시 삼백 편 정도를 익히고 읊으면 한마디로 마음의 삿됨을 없애준다고 했다. 다시 말하면 시는 우리의 어지러운 마음을 위무해주고 인생이 아름다워진다고 했다.

이처럼 시는 어린이로부터 어른에 이르기까지 천진하고 순수한 마음으로 이끄는 견인차 구실을 한다. 시를 가까이하고, 시를 짓는다는 것은 창의적이며 새롭고 경이로운 세계로 확장하는 사고력에서 나온다. 이렇게 시인이 자기 경험에서 오는 생각이나 느낌을 시로 옮겨 놓으면 독자는 그 시를 읽고 공감을 더러 가지고 정서적 감응을 하게 된다.

그리하여 눈을 뜨면 날마다 접하게 되는 세계를 새롭게 느끼게 한다. 보아도 느끼지 못한 것들이 들어도 감동으로 와 닿지 않던 소리가 새롭게 보이고, 새롭게 들리고, 새로운 맛을 느끼게 되어 그만큼 우리 삶을 풍요롭게 한다.

오스트리아 시인 잉게보르크 바하만(1926~1973)은 오늘날 문학이 할 일이 무엇인가에 대해 다음과 같이 말했다.

"시인은 안개를 뚫고 날아온 부엉이처럼 깨어 있어야 한다. 아테네 여신의 새인 부엉이는 지혜와 깨어 있음을 상징한다. 문학이 할 일은 '냉정하고 끊임없이' 새로운 감각과 새로운 의식으로 부엉이처럼 깨어 있는 존재가 되어야 한다."

시집은 작가의 삶과 정신을 담는 그릇이다. 시 역시

인간을 대상으로 표현한다면 신뢰와 이해가 근간이 돼야 할 것이다. 그것을 이봉도 시인 작품에서 확인하고자 한다.

이번 시집 「봉도화」는 모두 4부로 나눠어 있고 78편으로 구성되어 있다. 1, 2부는 가족, 여행에 관한 주제를 다루었고, 3부, 4부는 인간과 삶과 생활 속에서 다양한 물상을 다룬 시가 주를 이루었다.

먼저 여러 시 중에서 책 제목 「봉도화」를 통해 그의 창작 정신을 살펴본다.

봄날 꽃밭에 피어있는 해맑은 꽃
누군가에게 나누고 싶어 오래전
이름 봄 동인 여러 선생님께
서너 포기 내 마음 전했네

다음 해
만나는 사람들 모두 꽃이 되어
내 이름 따라 봉도화라 부르며
핀 꽃 소식에 환한 웃음꽃 피웠네

바람에 향기 실어 춤에 겨운 꽃
내 필명筆名 봉도화 되어
설렘으로
실비단 햇살 눈부시게 쏟아지네

먼 하늘이 다가와
잎새 위에 영롱한 빛이 열리네

올해는 봉도화 더 멀리멀리
사랑의 꽃향기 실어 보내리라

—「봉도화」 전문

흔히 이봉도 시인을 봉도화 시인으로 부른다. 시인의 작품 「봉도화」를 보면 김춘수 시인의 「꽃」을 떠올린다.

내가 그의 이름을 불러주기 전에는
그는 다만
하나의 몸짓에 지나지 않았다.

내가 그의 이름을 불러주었을 때
그는 내게로 와서 꽃이 되었다

내가 그의 이름을 불러주었던 것처럼
나의 이 빛깔과 향기에 알맞은
누가 나의 이름을 불러 다오, 그에게로 가서
나도 그의 꽃이 되고 싶다

우리들은 모두 무엇이 되고 싶다
너는 나에게 나는 너에게
잊혀지지 않는 하나의 눈짓이 되고 싶다

꽃은 김춘수 시인의 절창으로 알려진 대표작의 하나다. 이 시는 언어로써 부재不在의 존재를 끌어내고 점화해주는 '인식'의 시로 평가된다.

이봉도 시인에게도 '봉도화'라는 꽃 이름을 붙여줌으로써 그녀는 이제부터 숨어 있던 자신의 부재를 존재와 인식이란 이름표를 달고 이 세상에 빛으로 확산하여 갈 것이다.

순박한 심상과 아름다운 봉도화, 이봉도 시인은 적십자 봉사원 20년, 봉사 활동으로부터 이젠 시인으로서 아름다운 심성을 이 세상에 널리 널리 미화시켜 왔고 더욱 빛이 되어 갈 것이다. 각박한 이 세상에 봉도화(둥굴레)꽃이 만발하여 세상의 소금 역할을 해줄 것이라 기대된다.

이봉도 시에서 여행 시들이 많이 보인다. 「제주도 유채꽃 축제」「섬진강에서」, 「부산사회체육센터 한중 문화교류」, 「내소사에서」, 「소록도」,「원동역」,「용경협」,「오전약수」, 「주산지」,「규수여행」,「구룡포 밤바다」 등이 그러하다. 그중 「소록도」 전문은 다음과 같다.

천형의 유배지 소록도
법문 조항에 없는 죄명 문둥이
변론할 길 없는 형벌이다
하늘이여, 이것이 우리 죄입니까

파랑새 자유가 그리운
상처 난 영혼 일그러진 육신들
닻에 내린 나룻배…
하늘이여 여기 우리가 살 땅입니까

인간폐업 (人間閉業) 원한에 울고
아득한 그곳 내 부모 형제들

물기 어린 눈에 아롱아롱 거려
하늘이 이제 그리움도 지워야 합니까

수없이 떠내려온 운명의 하류에서
격리된 요양소에 차이콥스키의 비창(悲愴)이
폐부를 찌르는 아름답고 서러운 멜로디가
차별 없는 전파에 흐느낀다
하늘이여 여기 우리의 한을 묻어야 합니까

나룻배 닻을 올려라. 천형의 옷 벗어라
저 피안의 언덕으로 올라
푸른 하늘 훨 훨 날아다니자
하늘이여 이제 우리에게도 자유를 주시나이까

–「소록도」 전문

여행 시는 일상의 생활공간에서 대문을 따고 잠시나마 일탈하여 자신의 터전을 떠나 청정한 공기를 마시면서 자신의 집을 향하여 역으로 바라보는 시선도 중요하다.

이렇게 함으로써 새로운 인식과 공간을 재구성하고 성찰하며 신선한 착상에 충동을 느낀다. 따라서 여행의 현장에서 역사의 시간과 문화의 공간이 새롭게 열리며 삶의 폭을 확대해주고, 사고의 틀을 깨서 넓은 의식의 날개를 펴게 한다.

특히 사슴을 닮은 소록도는 한하운 시인과도 깊이 연관되며 일본 강점기에, 한센병 자를 무지막지하게 다룬 아픈 과거도 서럽게 담겨있는 곳이다.

지금은 모두 새로운 각도에서 한센병 환자를 보통

사람들과 같은 인권으로 보려는 시선이, 너무도 눈물겹다. 특히 소록도를 생각하면, 자신도 나병환자가 된 '다미안'신부가 생각난다. 시인의 시 구절구절마다 천형의 유배지로부터 자유의 저 푸른 피안의 언덕, 희망의 땅으로 사무치게 기도하는 언어의 아픔이 독자들의 가슴을 진하게 진동시킨다.

우리들 가슴속에 꽃씨가 있습니다
눈길만 마주쳐도 피울 수 있는
아름다운 꽃들이 가득합니다

우리들 눈 속에 사랑이 있습니다
손바닥 부딪치며 마주친 눈빛
세월의 주름 속애 행복을 채웁니다

우리는 늘 솔 교육원 꽃이랍니다
칭찬과 격려로 화합의 꽃을
함께 춤추며 피운답니다

우리들 가슴에 꽃을 피우고
눈 속에 사랑을 심어
만나면 행복한 꽃 무리를 만듭니다

우리는 사회체육센타 부설
늘 솔 교육원 선반의 꽃들입니다
집단의 힘으로 주위를 밝힙니다

—「우리들」 전문

위 인용 시는 아주 단순할 뿐만 아니라 문장의 구조 자체로서도 복잡한 구절이 없는 쉬운 시이다. 그러나 시가 이처럼 그 외형이 단순하다고 해서 시가 품고 있는 의미적 공간이 좁고 쉽다는 것과는 무관하다.

'사회체육센터 부설/ 늘 솔 교육원 선반의 꽃들입니다 / 집단의 힘으로 주위를 밝힙니다'

이봉도 시는 칭찬과 격려로 화합의 꽃을 함께 춤추며 피운다는 대단히 크고 넓은 의미적 공간을 갖추어 나가고 있다. 비슷한 말의 되풀이로 조성되는 지나칠 만큼 고도의 단순성이 이 시를 너무도 평이하게 느껴지게 하지만 또한 의미의 진폭을 무한히 확대해 나가고 있다.

새벽을 여는 경매장
굵고 난해한 목소리가 흐르면
불꽃 튀는 눈 눈빛들
암호를 튕기는 손가락들이
자갈치 시장을 열어가는
웅장한 오케스트라
생존을 위한 처절한 현장 소리
부산의 냄새와 정취를 물씬 풍기는
자갈치 아지매의 정겨운 목소리
여기는 비릿한 갯내음 속
번쩍이는 비늘이 있고
펄떡이는 숨결
왁자지껄 삶의 소리가 있다
먼 수평선에서 돌아온
만선의 깃발을 단 배는
검푸른 바다에 출렁이고
자갈치의 아침은 하늘에 바다에
아지매들의 번들거리는

검은 앞치마에 붉은 해가 뜬다

—「자갈치」 전문

위 인용 시는 부산자갈치의 서정. 자갈치의 감수성. 도시적 보헤미안 기질이 넘쳐 오르는 작품이다. 시의 문맥이 내장하고 있는 시대적 상황의 어두운 구석을 짐작하는 효과적이며 기능적으로 작용한다. 그의 시는 예리한 날을 세우고 있다.

사람은 자기 앞의 생애와 현실 속에서 부단히 상처받고, 끝없이 그 상처로 숨을 쉬며 꿈꾸며 포옹한다. 그래서 시인은 내일의 희망을 믿고 사랑한다.

자기 주변의 사람들과 더불어 고통이나 슬픔의 관여가 부분적으로 가능하다고 할까.

시인은 삶의 밑바닥에 숨겨진 힘든 생활 가운데서도 그늘을 비추는 거울이기도 하다. 자기의 시의 형식이 스스로 갇히지 않도록 부단히 파괴를 감행하여 희망의 시의 유형을 제시한 것으로 보인다.

이봉도 시에서는 어머니, 형제, 딸, 손자, 손녀, 증손녀에 이르기까지 가족에 대한 시가 많다. 1, 2부에서 쉽게 만날 수 있다. 「작은 새」,「생일」,「증손녀 채안이」, 「윤수야 축하한다」, 「구름산 카페」,「선물」, 「마로니에」「내 동생 규홍이」, 「사랑의 택배 상자」, 「젊음을 불사르고」, 「딸과 함께 서울 역사 문학기행」,「사랑하는 딸아」 등이 그러하다.

다음은 봉도화 시인이 외증손녀의 백일을 맞아 쓴

시「예주 백일」전문이다

온 장내가 빛으로 가득하다
외손자 김정훈과 김동영의 첫 딸
총명한 예주의 백일을 축하하며

신이 보낸 귀한 선물
하늘이 축복을 내리는 날
모든 하객들 웃음꽃 피운다

아가의 웃는 얼굴 한 아름 꽃이네요
샛별 같은 두 눈은 저 하늘 별이네요
옹알이하는 입은 깊은 산속 옹달샘

단풍잎 같은 예쁜 손으로
엄마의 젖가슴 파고드는 초롱한 눈망울
아 이 향기 이 체온 행복이여 사랑이여

키가 자라듯 지혜도 자라
빛나고 아름답게
이 나라에 꼭 필요한 사람 되거라

위 인용 시에는 봉도화 할머니가 증손녀를 사랑하는 마음이 그림을 그리듯 눈에 보인다. 어머니가 자식을 사랑하는 마음은 헌신적이고 봉사적이다. 사랑의 힘은 위대하다. 자식들에 있어 아버지는 의지의 표상이라면 어머니는 정서적인 표상이다. 가정이라는 보금자리의 중심이 되는 이가 어머니다. 봉도화 시인이 자녀뿐만 아니라 동생들에 대한 살가운 마음을 담은 시를 읽으면서 평자도 가슴이 찡했다.

"어머니는 세상의 모든 것, 어머니는 슬플 때 위안자요, 불행할 때 희망이요, 허약한 순간엔 힘이다. 그리고 어머니는 자비와 관용과 용서의 원천이다."

이 말은 「부러진 날개」에 나오는 칼릴 지브란의 글이다. 과연 이 세상에 어머니보다 고상하고 아름다운 존재가 어디 있는가.

어머니는 순결과 부드러움과 사랑의 대명사다. 사랑하는 생명을 낳고 사랑으로 생명을 키우고 사랑으로 자기 몸을 불살라 버리는 하느님의 사자使者다.

이상 각 부에서 1편씩을 선정 4편과 가족에 대해 쓴 시 1편을 나름대로 평했다. 시는 시적 대상에 시인의 정서 즉 내적 사유를 입히는 언어 작업이다. 이봉도 시인의 시어는 깊은 사색과 고뇌하는 심미적 가치를 담고 있다. 그의 시편에는 서정이 배어 있다. 그렇고 그렇게 표나게 드러낸 감상적 서정이 아니라 우리네 삶의 진국 같은 옹골찬 서정이다.

시집에 실린 시들은 언어가 애매하거나 주춤거리지 않는다. 전달이 분명하고, 쉽고 이해가 빠르다. 시의 소재도 주위 환경을 시의 원초적인 감정으로 바라보며 숨어 있는 혼을 찾는다. 거기에 과거 경험이 녹아 있고, 현재가 숨소리 하고 있다.

따라서 이봉도 시는 대상을 새롭게 바라보는 눈의 시적 언어로 그려내어 주위를 맑히고 있다.

봉도화 鳳桃華

인쇄일 2023년 12월 13일
발행일 2023년 12월 19일

지은이 이봉도
펴낸이 박철수
펴낸곳 도서출판 해암

등록번호 제325-2001-000007호
주소 부산시 중구 대청로 138번길 9 (대원빌딩 302호)
전화 051)254-2260
팩스 051)246-1895
메일 haeambook@daum.net

ISBN 978-89-6649-241-1 03810

값 13,000원

한국예술인복지재단
* 본 도서는 2023년 **한국예술복지재단** 창작 지원(디딤돌)으로 제작되었습니다.